777

LES

POËMES DORÉS

LES
POËMES DORÉS

PAR

ANATOLE FRANCE

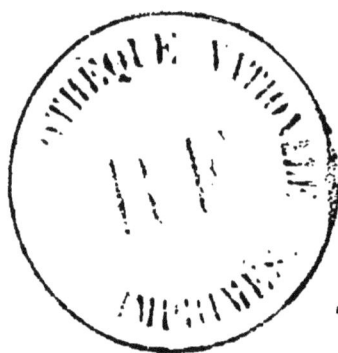

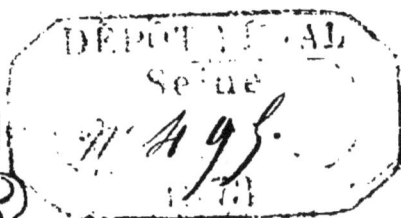

FAC ET SPERA

PARIS

ALPHONSE LEMERRE, ÉDITEUR

PASSAGE CHOISEUL, 27-29

—

MDCCCLXXIII

A

LECONTE DE LISLE

AUTEUR DES POËMES ANTIQUES

ET DES POËMES BARBARES

EN TÉMOIGNAGE

D'UNE VIVE ET CONSTANTE

ADMIRATION

CE LIVRE EST DÉDIÉ

PAR

ANATOLE FRANCE

LES POËMES DORÉS

A LA LUMIÈRE

Dans l'essaim nébuleux des constellations,
    O toi qui naquis la première,
O nourrice des fleurs et des fruits, ô Lumière,
    Blanche mère des visions,

Tu nous viens du soleil à travers les doux voiles
    Des vapeurs flottantes dans l'air :
La vie alors s'anime et, sous ton frisson clair,
    Sourit, ô fille des étoiles !

Salut! car avant toi les choses n'étaient pas.
  Salut! douce; salut! puissante.
Salut! de mes regards conductrice innocente
  Et conseillère de mes pas.

Par toi sont les couleurs et les formes divines,
  Par toi, tout ce que nous aimons.
Tu fais briller la neige à la cime des monts,
  Tu charmes le bord des ravines.

Tu fais sous le ciel bleu fleurir les colibris
  Dans les parfums et la rosée;
Et la grâce décente avec toi s'est posée
  Sur les choses que tu chéris.

Le matin est joyeux de tes bonnes caresses;
  Tu donnes aux nuits la douceur,
Aux bois l'ombre mouvante et la molle épaisseur
  Que cherchent les jeunes tendresses.

Par toi la mer profonde a de vivantes fleurs
  Et de blonds nageurs que tu dores.
Au ciel humide encore et pur, tes météores
  Prêtent l'éclat des sept couleurs.

Lumière, c'est par toi que les femmes sont belles
  Sous ton vêtement glorieux;
Et tes chères clartés, en passant par leurs yeux,
  Versent des délices nouvelles.

Leurs oreilles te font un trône oriental
  Où tu brilles dans une gemme;
Mais partout où tu luis, tu restes, toi que j'aime,
  Vierge comme en ton jour natal.

Sois ma force, ô Lumière! et puissent mes pensées,
  Belles et simples comme toi,
Dans la grâce et la paix, dérouler sous ta foi
  Leurs formes toujours cadencées!

Donne à mes yeux heureux le voir longtemps encor,
  En une volupté sereine,
La Beauté se dressant marcher comme une reine
  Sous ta chaste couronne d'or.

Et, lorsque dans son sein la Nature des choses
  Formera mes destins futurs,
Reviens baigner, reviens nourrir de tes flots purs
  Mes nouvelles métamorphoses.

Suants, fumants, en feu, quand vint l'aube incertaine,
Tous deux sont allés boire ensemble à la fontaine,
Puis d'un choc plus terrible ils ont mêlé leurs bois.
Leurs bonds dans les taillis font le bruit de la grêle;
Ils halètent, ils sont fourbus, leur jarret grêle
Flageole du frisson de leurs prochains abois.

Et cependant, tranquille et sa robe baissée,
La biche au ventre clair, la bête désirée
Attend; ses jeunes dents mordre les arbrisseaux;
Elle écoute passer les souffles et les ailes,
Là, tiède dans le vent, la fauverolle des mâles
D'un prompt frémissement effleure ses naseaux.

Enfin l'un des deux cerfs, celui que la nature
Arme trop faiblement pour la lutte future,
S'abat, le ventre ouvert, écumé et sanglant,
L'œil terne, il a bondi sa mâchoire brisée;
Il a les morts venir déjà, dans l'aube et la rosée,
Ayant par degrés son poitrail pantelant.

Douce aux destins nouveaux son âme végétale
Se disperse aisément dans la forêt natale;
L'universelle vie accueille ses esprits :
Il redonne à la terre, aux vents aromatiques,
Aux chênes, aux sapins, ses nourriciers antiques,
Aux fontaines, aux fleurs, tout ce qu'il leur a pris.

Telle est la guerre au sein des forêts maternelles
Qu'elle ne trouble point nos sereines prunelles :
Ce cerf vécut et meurt selon de bonnes lois,
Car son âme confuse et vaguement ravie
A dans les jours de paix puisé la douce vie;
Son âme s'est complu, mûrie, au sein des bois.

Au sein des bois sacrés le temps coule limpide,
Le ... est ignoré et la mort est rapide;
Aucun être n'existe ou ne périt en vain.
Et le vainqueur sanglant qui brame à la bruine,
Je que ... désormais la biche douce et fière,
A les reins et le cœur bon pour l'œuvre divin.

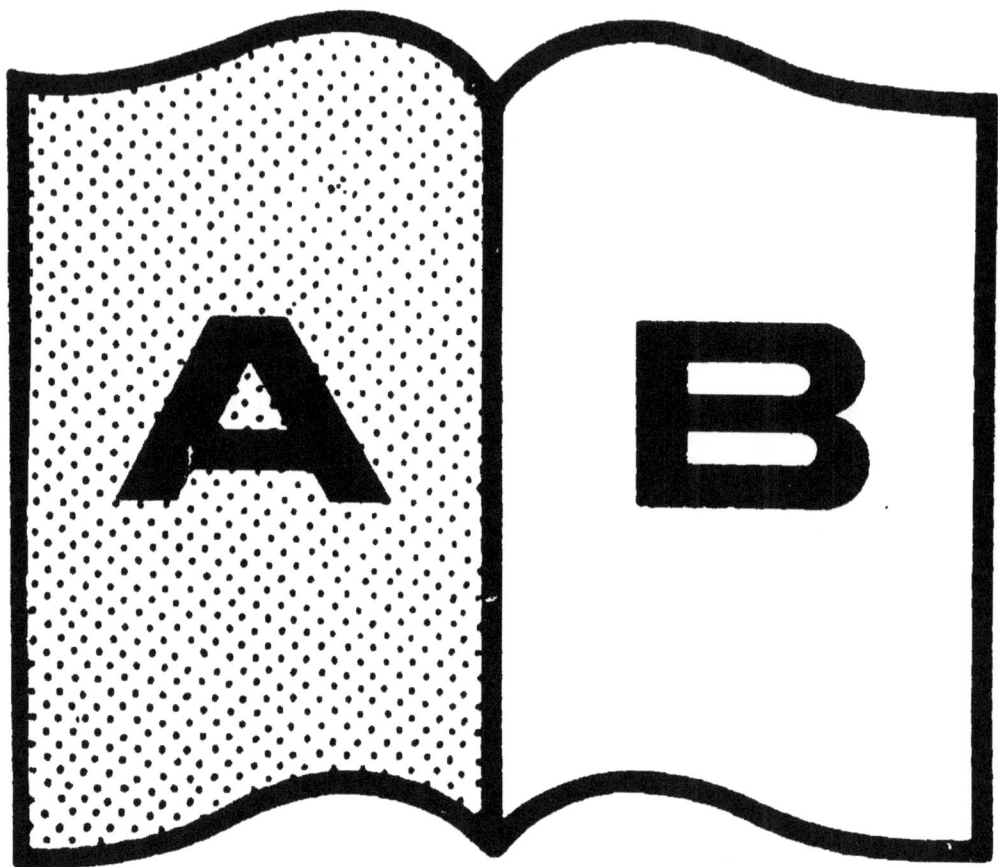

Contraste insuffisant

NF Z 43-120-14

L'Amour, l'Amour puissant, la Volupté féconde,
Voilà le dieu qui crée incessamment le monde,
Le père de la vie et des destins futurs !
C'est par l'Amour fatal, par ses luttes cruelles,
Que l'univers s'anime en des formes plus belles,
S'achève et se connaît en des esprits plus purs.

Septembre 1871.

LA MORT D'UNE LIBELLULE

Sous les branches de saule en la vase baignées,
Un peuple impur se tait, glacé dans sa torpeur,
Tandis qu'on voit sur l'eau de grêles araignées
Fuir vers les nymphéas que voile une vapeur.

Mais, planant sur ce monde où la vie apaisée
Dort d'un sommeil sans joie et presque sans réveil,
Des êtres, qui ne sont que lumière et rosée,
Seuls agitent leur âme éphémère au soleil.

Un jour que je voyais ces sveltes demoiselles,
Comme nous les nommons, orgueil des calmes eaux,
Réjouissant l'air pur de l'éclat de leurs ailes,
Se fuir et se chercher par-dessus les roseaux,

Un enfant, l'œil en feu, vint jusque dans la vase
Pousser son filet vert à travers les iris, -
Sur une libellule; et le réseau de gaze
Emprisonna le vol de l'insecte surpris.

Le fin corsage vert fut percé d'une épingle;
Mais la frêle blessée, en un farouche effort,
Se fit jour, et, prenant ce vol strident qui cingle,
Emporta vers les joncs son épingle et sa mort.

Il n'eût pas convenu que sur un liége infâme
Sa beauté s'étalât aux yeux des écoliers :
Elle ouvrit pour mourir ses quatre ailes de flamme,
Et son corps se sécha dans les joncs familiers.

Chaville, mai 1870.

LA MORT DU SINGE

Dans la serre vitrée où de rigides plantes,
Filles d'une jeune île et d'un lointain soleil,
Sous un ciel toujours gris, sommeillant sans réveil,
Dressent leurs dards aigus et leurs floraisons lentes,

Lui, tremblant, secoué par la fièvre et la toux,
Tordant son triste corps sur des lambeaux de laine,
Entre ses longues dents pousse une rauque haleine,
Et sur son sein velu croise ses longs bras roux.

Ses yeux, vides de crainte et vides d'espérance,

Entre eux et chaque chose ignorent tout lien;

Ils sont empreints, ces yeux qui ne regardent rien,

De la douceur que donne aux brutes la souffrance.

Ses membres presque humains sont brûlants et frileux;

Ses lèvres en s'ouvrant découvrent les gencives;

Et, comme il va mourir, ses paumes convulsives

Ont caché pour jamais ses pouces musculeux.

Mais voici qu'il a vu le soleil disparaître

Derrière les huniers assemblés dans le port;

Il l'a vu : son front bas se ride sous l'effort

Qu'il tente brusquement pour rassembler son être.

Songe-t-il que, parmi ses frères forestiers,

Alors qu'un chaud soleil descendait des cieux calmes,

Repu du lait des noix et couché sur les palmes,

Il s'endormait heureux dans ses frais cocotiers,

Avant qu'un grand navire, allant vers des mers froides,
L'emportât au milieu des clameurs des marins,
Pour qu'un jour, dans le vent qui lui mordît les reins,
La toile, au long des mâts, glaçât ses membres roides?

A cause de la fièvre aux souvenirs vibrants
Et du jeûne qui donne aux âmes l'allégeance,
Grâce à cette suprême et brève intelligence
Qui s'allume si claire au cerveau des mourants,

Ce muet héritier d'une race stupide
D'un rêve unique emplit ses esprits exaltés :
Il voit les bons soleils de ses jeunes étés,
Il abreuve ses yeux de leur flamme limpide.

Puis, une vague nuit pèse en son crâne épais.
Laissant tomber sa nuque et ses lourdes mâchoires,
Il râle. Autour de lui croissent les ombres noires :
Minuit, l'heure où l'on meurt, lui versera la paix.

1872.

2

LES ARBRES

O vous qui, dans la paix et la grâce fleuris,
Animez et les champs et vos forêts natales,
Enfants silencieux des races végétales,
Beaux arbres, de rosée et de soleil nourris,

La Volupté par qui toute race animée
Est conçue et se dresse à la clarté du jour,
La mère aux flancs divins de qui sortit l'Amour,
Exhale aussi sur vous son haleine embaumée.

Fils des fleurs, vous naissez comme nous du Désir,
Et le Désir, aux jours sacrés des fleurs écloses,
Sait rassembler votre âme éparse dans les choses,
Votre âme qui se cherche et ne se peut saisir.

Et, tout enveloppés dans la sourde matière,
Au limon paternel retenus par les pieds,
Vers la vie aspirant, vous la multipliez,
Sans achever de naître en votre vie entière.

LES SAPINS

On entend l'Océan ....
De ...... blémissen le ....
Où l'homme perdu, seul, ..., ...
Le vent du nord, ...
Sur les choses ....

Paisibles ...., ...
Les grands ...., pleins ....
De leurs sommets .... les ....,
Leurs branches, ... la ....
Tristes, semblent ....

Leurs flancs s'épuiseront à fumer pour les brises
Ces nuages perdus et de nouveaux encor,
Et qui s'enrouleront leurs espizs, blond trésor,
Afin qu'en la forêt les ovules éprises
Tressaillent sous un grain de la poussière d'or.

Ce fut jadis ainsi que la fleur maternelle
Les reçut au frisson d'un air mystérieux ;
C'est ainsi qu'à leur tour, pères laborieux,
Ils seront largement à la brise infidèle
La vie, immortel don des antiques aïeux.

Ces fenêtres premiers dont ils ont reçu l'être
Puis que la mort ovora, en de âges lointains,
Une salle secours en de mornes destins,
Et les enfants, ainsi semblables à l'ancêtre,
Continuent en eux les vieux nombres éteints

Décembre 1873.

LE CHÊNE ABANDONNÉ

Dans la tiède forêt que baigne un jour vermeil,
Le grand chêne noueux, le père de la race,
Penche sur le coteau sa vigoureuse masse,
Et, solitaire aïeul, se réchauffe au soleil.

De l'amas de ses fils croissés sous son ombre,
Robuste, il a nourri ses jeunes jouissances,
J'ai bouillonner la sève en ses membres puissants,
Et respire le ciel avec sa tête sombre.

Mais ses plus fiers rameaux sont morts, squelettes noirs
Sinistrement dressés sur sa couronne verte;
Et dans la profondeur de sa poitrine ouverte
Les larves ont creusé de vastes entonnoirs.

La séve du printemps vient irriter l'ulcère
Que suinte la torpeur de ses âcres tissus.
Tout un monde pullule en ses membres moussus,
Et le fauve lichen de sa rouille l'enserre.

Sans cesse un bois inerte et qui vécut en lui
Se brise sur son corps et tombe. Un vent d'orage
Peut finir de sa mort le séculaire ouvrage,
Et peut-être qu'il doit s'écrouler aujourd'hui.

Car déjà la chenille aux anneaux d'émeraude
Déserte lentement son feuillage peu sûr;
D'insectes soulevant leurs élytres d'azur
Tout un peuple inquiet sur son écorce rôde;

Dès hier, un essaim d'abeilles a quitté
Sa demeure d'argile aux branches suspendue;
Ce matin, les frelons, colonie éperdue,
Sous d'autres pieds rameux transportaient leur cité;

Un lézard, sur le tronc, au bord d'une fissure,
Darde sa tête aiguë, observe, hésite, et fuit;
Et voici qu'inondant l'arbre glacé, la nuit
Vient hâter sur sa chair la pâle moisissure.

1872.

THÉRA

Cette outre en peau de chèvre, ô buveur, est gonflée
De l'esprit éloquent des vignes que Théra,
Se tordant sur les flots, noire, déchevelée,
Étendit au puissant soleil qui les dora.

Théra ne s'orne plus de myrtes ni d'yeuses,
Ni de la verte absinthe agréable aux troupeaux,
Depuis que, remplissant ses veines furieuses,
Le feu Plutonien l'agite sans repos.

Son front grondeur se perd sous une rouge nue ;
Des ruisseaux dévorants ouvrent ses mamelons ;
Ainsi qu'une Bacchante elle est farouche et nue,
Et sur ses flancs intacts roule des pampres blonds.

Mai 1872.

MARINE

Sous les molles pâleurs qui voilaient en silence
La falaise, la mer et le sable, dans l'anse
Les embarcations se réveillaient déjà.
Du gouffre oriental le soleil émergea
Et couvrit l'Océan d'une nappe embrasée.
La dune au loin sourit, ondoyante et rosée,
On voyait des éclairs aux vitres des maisons.
Au sommet des coteaux les jeunes frondaisons
Commençaient à verdir dans la clarté première,
Et le ciel aspirait largement la lumière.

Il se fit dans l'espace une vague rumeur
Où le travail humain vint jeter sa clameur.

Les femmes en sabots descendent du village,

Les pêcheurs font sécher leurs filets sur la plage,

Et le soleil allume, au dos des mariniers,

Les spasmes des poissons dans l'osier des paniers.

Dans un creux de falaise où voltige l'étoupe,

Un vieil homme calfate, en chantant, sa chaloupe,

Tandis que tout en haut, parmi les chardons blancs,

Cheminent deux douaniers, au pas, graves et lents.

Dans un bateau pêcheur dont la voile latine,

Blanc triangle, reluit à travers la bruine,

Un vieux marin, debout sur le gaillard d'avant,

Tendant le bras au large, interroge le vent.

SUR UNE SIGNATURE

DE MARIE STUART

A ÉTIENNE CHARAVAY

Cette relique exhale un parfum d'élégie,
Car la reine d'Écosse, aux lèvres de carmin,
Qui récitait Ronsard et le missel romain,
Y mit en la touchant un peu de sa magie.

La reine blonde, avec sa fragile énergie,
Signa MARIE au bas de ce vieux parchemin,
Et le feuillet heureux a tiédi sous la main
Que bleuissait un sang fier et prompt à l'orgie.

3

Là de merveilleux doigts de femme sont passés,
Tout empreints du parfum des cheveux caressés
Dans le royal orgueil d'un sanglant adultère.

J'y retrouve l'odeur et les reflets rosés
De ces doigts aujourd'hui muets, décomposés,
Changés peut-être en fleurs dans un champ solitaire.

1868.

LE DÉSIR

I

Je sais la vanité de tout désir profane
A peine gardons-nous de tes amours défunts,
Femme, ce que la fleur qui sur ton sein se fane
Y laisse d'âme et de parfums.

Ils n'ont, les plus beaux bras, que des chaînes d'argile
Indolentes autour du col le plus aimé,
Avant d'être rompu leur doux cercle fragile
Ne s'était pas même fermé.

C'est par vous que l'heureuse vie
Tour à tour en la chair ravie
S'allume, et ne l'éteindre pas.
La vous la vie merveille
Éclat, et tout donne étincelle
... de beauté en vos pas.

Vivez, mourez, pleines de grâce;
Les hommes et les dieux, nous passe,
Mais la vie existe à jamais
... donne, ... humaine,
Qui fleurit ... premier,
... je m'aime?

... 185.

LA VISION DES RUINES

Le fleuve qui, libre et tranquille,
Traîne ses marnes et ses eaux
Au milieu des pâles roseaux,
Presse en ses bras une longue île,

Qui semble un navire échoué
Par quelque héroïque aventure,
Perdant sa forme et sa nature,
Dormeur à l'oubli dévoué.

Le cri rauque et le vol des grues
Percent les nuages blafards;
Les cygnes et les verts canards
Voguent au fil des eaux accrues.

Dans l'île, un portail et deux tours,
Retraite aux hibous familière,
Dressent sous la mousse et le lierre
Leurs profils noirs, douteux et lourds.

De maigres figures de pierre
Gisant dans les iris épais,
Les mains jointes, suivent en paix
Le rêve qui clôt leur paupière.

Tous ceux-là dont le vent du nord
Ronge avec lenteur les images,
Anges et rois, vierges et mages,
Ont grandement aimé la mort;

Car la roideur de leur stature
Et l'aridité de leur chair
Font voir combien il leur fut cher
D'aspirer à la sépulture.

De longtemps ne sera troublé
Le silence de l'île sainte :
Dans le fleuve dont elle est ceinte
Le dos des ponts s'est écroulé.

N'est-ce pas là le berceau rude
De la grande et belle cité,
Qui plus tard avec volupté
S'assit dans cette solitude?

Mais la terre avare a repris
Les pierres des quais et des rues,
Et les demeures disparues
Gisent sous les tertres fleuris.

Au sud de l'île, une colline
Couronne d'un amas confus
De murs, de chapiteaux, de fûts,
Ses flancs où le thuya s'incline.

Les marais coassent, le soir.
Vers l'ouest, loin dans la plaine verte,
Une porte se dresse ouverte
Sur le ciel pluvieux et noir.

Sculptés aux parois triomphales,
Des hommes, des bœufs, des chevaux,
Rappelant d'antiques travaux,
Se brisent aux chocs des rafales.

Et vers le nord, mais moins avant,
Candélabres, balustres, dalles,
Escaliers, murs en longs dédales,
Sonnent avec langueur au vent,

Ruines d'un temple où des lyres
Pendent à des chevilles d'or,
Où des pieds de nymphes encor
Dansent en de joyeux délires.

Muette, la maison des Rois
Est assise, comme une veuve,
Sur la rive droite du fleuve,
Dans les nymphéas blancs et froids;

Elle mire dans les eaux blêmes
Ce qui lui reste de joyaux,
Et répand ses colliers royaux
De chiffres noués et d'emblèmes;

Sur un pavillon, les pâleurs
De la lune, au bord d'une nue,
Animent une forme nue
Qui sourit et verse des fleurs :

C'est un corps de femme accroupie,
Un corps lascif, jeune et lassé,
Qui fut sans doute caressé
Par le regard d'un siècle impie.

LES AFFINITÉS

I.

Le noir château, couvert de chiffres et d'emblèmes
Et ceint des froides fleurs dormant sur les eaux blêmes,
En un doux ciel humide effile ses toits bleus.
Dans le parc, où jadis on vit flotter des fées,
Les Nymphes, par le lierre en leur marbre étouffées,
Étalent froidement leurs ennuis fabuleux.

Déjà des vieux tilleuls les premières rangées
Versent sur les gazons leurs ombres allongées
Jusqu'au pied du fossé qui borde le manoir.
La forêt qui s'étend à l'horizon déroule,
Sous un vent large et frais, les grands plis de sa houle,
Et mugit tout au loin dans la brume du soir.

La noble jeune femme, épouse solitaire,
Laisse choir sur un banc sa grâce héréditaire.
Sa tête penche au faix des lourds cheveux châtains,
Des cheveux d'où jaillit une étrange étincelle
Quand le peigne se plonge en leur flot qui ruisselle
Sous l'ombre des rideaux, au secret des matins.

Sa face, si candide et si pâle, est chargée
Du deuil altier que laisse à l'épouse outragée
Le souvenir ancien d'un injuste abandon.
Son cœur est libre et chaste, et sa pudeur sauvage,
Fièrement résolue à l'éternel veuvage,
Ne souffre ni regrets, ni haine, ni pardon.

Pleine de charme intime, et de langueur parée,
De sa propre faiblesse elle-même enivrée,
Elle vit en silence à l'ombre des tilleuls.
Son âme un peu farouche a ces clairvoyances
Et ces secrets instincts, sûrs comme les sciences,
Noble et fatal trésor de ceux qui vivent seuls.

D'un long et plein oubli nonchalamment épaisse,
Elle respire, émue au souffle de la brise,
Les amères senteurs qui voyagent dans l'air,
Et, le sein frissonnant des frissons dont la tombe
Fait tressaillir le soir la forêt monotone,
Elle laisse flotter ses yeux couleur de mer.

Et, comme un vol d'oiseaux sur la mer, ses pensées
Aiment, en tournoyant, à plonger dispersées
Dans le vague océan où s'égarent ses yeux
Ses nerfs qui gémissaient, pareils, les jours de crise,
Aux cordes en éclats d'un instrument qu'on brise,
Allument leur réseau d'un feu mystérieux

Au théâtre, ce soir, de diamants fleurie,
Elle regarde, mais ne voit; sa rêverie,
Dans l'espace incertain flottant, comme un parfum,
En une volontaire et paisible démence,
Au gré des visions musicale commence
Mille songes subtils sans en finir aucun.

Pour régner solitaire au fond de vague empire
Qu'elle sait autour d'elle étendre, elle respire
Les étranges senteurs d'un flacon de cristal
Où vivent les esprits des plus magiques plantes,
Et d'où parfois s'échappe en des délices lentes
Le secret embaumé d'un rêve oriental.

Mais une odeur ancienne et des brises marines
.... soudain le trouble .... marines,
.... ce flacon même où .... le sourire :
.... qu'elle s'abîme inerte, palpitante,
Dans l'angoisse sans fin de le moment d'attente
Qu'ils séparent encor de ce qui doit venir.

Puis, comme un arc tendu se courbant en arrière,
Rigide, ses grands yeux révulsés, sans lumière,
Elle pousse un cri sourd dans sa gorge expirant :
Elle a vu sur la mer la frégate connue,
Mais donnant sur le flanc, ses trois mâts rasés, nue,
Sinistre et noir ponton dans la tempête errant.

Aux agrès amarré sur l'avant qui se dresse,
C'est Lui, Lui, qu'elle voit couché dans sa détresse :
Seul, épuisé, mourant, il se soulève un peu,
Et donne à la voyante un regard triste et tendre,
Un regard où l'on sent son âme se détendre
Dans la fière douceur d'un ineffable aveu.

Mais une lame croule avec des bruits funèbres,
Et dans l'affaissement de ses lourdes ténèbres
Fait sombrer le navire entr'ouvert. Dans la mer
Le jeune homme au front pur descend; il s'abandonne;
Et des algues lui font une glauque couronne.
Or la femme avec lui goûte le sel amer.

Il a gagné son lit pacifique et repose ;
A l'abri des requins gloutons, le corail rose
Étend sur lui ses bras animés et fleuris.
Celle qu'il aime est là, baisant sa bouche froide ;
Elle a du sang aux yeux ; ses tempes sifflent ; roide,
Étouffée, elle exhale à jamais ses esprits.

— Invisible lien ! — La frêle créature
A péri sans effort, docile à la Nature ;
Le flacon, dans ses doigts qui ne s'ouvriront plus,
Luit. La Mort sur sa chair silencieuse étale
Sa majesté funèbre et sa splendeur fatale,
Et la divine paix des destins révolus.

Puisque ta vision fut vraie, ô jeune femme,
Que ta terrestre vie ait dénoué sa trame,
Qu'importe ! Plonge au sein du monde essentiel !
Tes sens, féconds naguère en exquises souffrances,
Ta forme, douce aux yeux, étaient des apparences.
Le corps n'est rien de plus ; l'esprit seul est réel.

VÉNUS

La nuit vient nous ravir en ses puissants arcanes ;
L'ombre avec des frissons envahit les platanes ;
De légères vapeurs montent des chemins creux.
Les vieillards sont assis, et les voix alternées
Sous le feuillage obscur se perdent égrenées.
C'est l'heure où l'esprit rêve, heureux ou malheureux.

Le crépuscule expire et les étoiles blanches
Commencent en tremblant à poindre dans les branches.
Au regard exalté qui songe et les poursuit.
Voici que la plus belle allume la première
A l'occident pâli sa vibrante lumière,
Vénus, splendide et chaste, honneur de notre nuit.

Depuis qu'ils ont chéri l'amour et sa souffrance,
Les hommes ont fait part de leur brève espérance
A cet astre indulgent qui ramène le soir.
— Si tu retiens mes yeux, Vénus; si ma pensée
Au sein du mol éther vers toi s'est élancée,
C'est toi seule et c'est toi toute que je veux voir.

J'ai surpris tes secrets : O céleste jumelle
De la Terre, astre cher qui mourras avec elle,
Tes destins sont pareils aux destins de ta sœur.
Le même soleil t'aime; et ce père des flammes
Jette en ton sein fleuri la vie, orgueil des âmes.
La nuit ainsi qu'à nous te verse sa douceur.

Monde, tu fais rouler dans la pâle étendue
La forme avec l'amour à tes flancs suspendue ;
Tu livres aux troupeaux tes champs hospitaliers ;
Tes mers ont leurs nageurs, et des siècles de fauves
Ont rugi de désir au creux de tes rocs chauves ;
Tes deux pôles de glace ont de blancs familiers.

Des reptiles, traînant leurs épais cartilages,
De leurs sillons visqueux souillaient tes chaudes plages,
Au temps où tu naissais dans les limons marins.
Et maintenant, mangeurs de chair ou d'herbe grasse,
Des êtres réjouis dans la force et la grâce,
Nés de ton corps adulte, ornent tes jours sereins.

Un air rouge et vibrant, semé de feux intimes,
Sur tes roides hauteurs dont nul n'a vu les cimes,
Nourrit avec excès de larges floraisons,
De grands lis pleins d'odeurs et de phosphorescences,
Les longs fûts des palmiers aux salubres essences,
Et des gerbes de dards exhalant leurs poisons.

Des îles en leurs lits de récents madrépores,
Vierges, sous le vent frais plein de baisers sonores,
Conçoivent les doux fruits des continents lointains.
De grands oiseaux guerriers s'assemblent, race antique, -
Dans les sombres vapeurs de ton ciel magnétique,
Sous les cratères noirs de tes volcans éteints.

Et des guetteurs, du haut des roches caverneuses,
Lourds, velus, déployant leurs ailes membraneuses ;
De nocturnes regards éclairent les granits :
Ils veillent, attendant que l'aire obscure dorme ;
Ils vont se laisser choir, et sous leur masse énorme
Lentement étouffer les couples dans les nids.

Vénus, ô grande mère aux entrailles brûlantes,
Mère des animaux avides et des plantes,
Tout ce que tu contiens de divine chaleur
Dans un fécond travail a gonflé tes mamelles.
En allaitant, Vénus, tes nourrissons, tu mêles
Largement en leur sang la joie et la douleur.

Mais lorsqu'après tes nuits, tes sombres nuits sans lune,
Derrière l'Océan qui gémit sur la dune,
Immense et près de toi se lève le soleil,
Est-il, pour réfléchir ton ciel qui s'illumine,
Un regard où reluit la tristesse divine,
Un regard anxieux et fier, au mien pareil?

Nourris-tu des vivants de qui l'âme profonde
Te contient tout entier dans elle-même, ô monde!
Et qui sont ta vertu, ta splendeur et tes dieux?
N'as-tu pas enfanté des rois, frères des hommes,
Qui, superbes, hardis, pensifs, tels que nous sommes,
Seuls portent haut leur front et regardent les cieux?

Ces princes, nos égaux, recherchent-ils les causes,
La raison et la fin, la nature des choses?
Quels désirs, quels espoirs gonflent leurs cœurs puissants?
Ont-ils, promptes sans cesse à verser les dictames,
Des mères et des sœurs belles comme nos femmes,
Triomphe de la vie et délices des sens?

Oh ! les meilleurs d'entre eux, dans la nuit solitaire,

Levant leur front blanchi d'un reflet de la terre,

Ont souvent médité les travaux de nos jours.

Connaître pour aimer, telle est la loi de l'être ;

Et, dans leur mâle ardeur d'étreindre et de connaître,

Ils ont jusqu'à la terre étendu leurs amours.

L'esprit cherche l'esprit dans l'étoile prochaine ;

Et, jetant dans l'espace une mystique chaîne,

Eux en nous, nous en eux, nous nous glorifions.

Tant il est naturel de sortir de soi-même,

Tant nous portons au cœur le besoin qu'on nous aime,

Tant notre âme de feu jette loin ses rayons.

1872.

LA MORT

Si la vierge vers toi jette sous les ramures
Le rire par sa mère à ses lèvres appris,
Si, tiède dans son corps dont elle sait le prix,
Le désir a gonflé ses formes demi-mûres,

Le soir, dans la forêt pleine de frais murmures,
Si, méditant d'unir vos chairs et vos esprits,
Vous mêlez, de sang jeune et de baisers fleuris,
Vos lèvres, en jouant, teintes du suc des mûres.

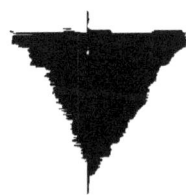

Il a des oreilles aiguës
Que dresse un frémissement prompt;
De jeunes cornes invaincues
Reluisent sur son mâle front.

On voit que ses larges narines
Portent à ses heureux esprits
La fraîcheur des brises marines
Et les parfums des bois fleuris.

Les coins soulevés de ses lèvres
Rappellent le Falerne bu;
Deux glandes, comme en ont les chèvres,
Pendent sous son menton barbu.

Captif du socle pentélique,
Languit un triste adolescent :
Le Dieu, de son regard oblique,
Lui verse un rayon caressant.

Mais lui, l'enfant aux ailes blanches,
Lève des yeux brillants de pleurs,
A cause de ses molles hanches,
De ses bras liés par des fleurs.

Les larmes sur sa belle joue
Mouillent sa chevelure d'or.
Parfois ses ailes qu'il secoue
Méditent l'impossible essor.

Et tant que le soleil éclaire
Le bois chaste et silencieux,
Les fiers desseins et la colère
Enflamment ses humides yeux.

Mais quand vient l'ombre transparente
Ramener les Nymphes en chœur,
Il rit, et sa chaîne odorante,
Enivre doucement son cœur.

1871.

BLASON

Diane de Noirlys a dix-neuf ans à peine;
Un lys de sable, un lys aussi noir que l'ébène,
Depuis quatre cents ans, étend sur son blason,
Dans un champ d'argent clair, sa morne floraison.
Diane a mis sa main longue et patricienne
Que glace le beau sang d'une race ancienne,
Dans la main d'un époux dont l'amour est clément,
Dans une main qui sait étreindre doucement,
Mais qu'en secret, sous l'or héraldique des bagues,
La tristesse engourdit de ses étreintes vagues.

II.

Il voit venir le jour, il voit tomber le soir

Sans rien craindre jamais, sans jamais rien vouloir,

Ce jeune homme aux yeux lents et froids, Jacques de Naves :

Drapé dans ses dédains monotones et graves,

Il vit comme on voyage, et jette avec ennui

La vapeur d'un cigare entre le monde et lui ;

Il passe, insoucieux de la route suivie

Et sans prendre sa part des choses de la vie.

Sa Diane superbe est l'unique butin

Qu'il ait jamais daigné disputer au destin.

1869.

LA FILLE DE CAÏN

Hark, hark! the sea-birds cry!.....
In the sun's place a pale and ghastly glare
Hath wound itself around the dying air.

LORD BYRON, *Heaven and Earth.*

I.

Un matin de ces temps où des hymens étranges
Aux filles de Caïn mêlaient les pâles anges,
Azraël quitta Dieu pour Aolibamah.
Elle le vit pleurer près du puits, et l'aima.

« O toi qui souffres, viens, dit la fille des hommes ;

Qu'importe, ange ou démon, le nom dont tu te nommes ?

Ton front est triste et fier, et tes yeux sont de feu ;

En te voyant si beau, je te préfère à Dieu.

Esprit, puisqu'il te plaît d'aimer l'argile aimante,

Je livre à ton étreinte effroyable et charmante,

O ma vie et ma mort, fils révolté du jour !

Tout mon être qui va périr de ton amour,

Ma terrestre beauté dont je marchais si fière,

Ma face que tes yeux inondent de lumière,

Mes bras et leurs anneaux, mon col et ses colliers,

Et ma main refusée aux fils des chameliers.

Tu sauras, loin de Dieu, me cacher dans tes ailes.

Nos destins seront beaux comme les nuits sont belles. »

II.

Le lendemain, la race humaine, à son réveil,

Vit se lever la mort et non pas le soleil.

La fille de Caïn dit, près de la fontaine :

« Azraël, connais-tu cette brise lointaine

Qui vient à nos baisers mêler un sel amer ?

N'entends-tu pas crier l'hirondelle de mer ?

La mer roule vers nous, et c'est Dieu qui la mène

Nous redonnions Éden à la famille humaine !

Éden, sous nos baisers, refleurissait plus cher !

Nous avions rétabli la gloire de la chair !

Mais Dieu !... Réjouis-toi, Caïn, dans ta semence

Entre la femme et Dieu la lutte recommence

Sur la terre ébranlée où tentent mes genoux

Entends-tu les Démons captifs rire de nous ?

Quelle effroyable nuit roule de cime en cime ! »

Les eaux avaient rompu les sources de l'abîme

Les antiques granits, de leurs flancs entrouverts,

Lançaient des gerbes d'eau, de flamme et d'éclairs,

Et bientôt, dans l'horreur des ténèbres profondes

Le ciel du Dieu jaloux ouvrit ses cataractes

Sur les plaines où sont les tentes des pasteurs,

Sur les sombres forêts et les pins des hauteurs,

Mais aujourd'hui son front blessé par la souffrance
A la sérénité des maux sans espérance ;
Nuls chemins .... ne .... plus ses pieds
Tout .... déjà des .... ,
Elle laisse briller dans .... de ses prunelles
.... et ....

Elle a dans son fauteuil .... ;
.... ses mains, pleines de .... ,
.... longuement dans .... ,
Sa .... d'amour .... ,
Elle .... les parfums .... ,
.... ce qu'elle aima .... qui va n'être plus.

Elle .... avec ses .... yeux de malade
.... qui .... ,
.... ,
.... ,
.... ,
....

L'enfant se tient près d'elle en mordant sa grammaire ;
Les beaux cheveux châtains que lui donna sa mère
Ondulent sur son dos aux plis du velours noir.
Il se tait : les enfants n'aiment pas qu'on se meure.
Il redoute, en songeant combien est longue une heure,
Le glacial ennui de la leçon du soir.

Mais elle, tout à coup tendre, presque coquette,
Languissante et pourtant d'un geste de conquête,
L'entraîne dans ses bras qu'elle ferme sur lui.
Elle est pour cet enfant, pour ce fragile maître,
Plus belle que jamais elle ne daigna l'être
Dans l'éclat des salons où son triomphe a lui.

Qu'est-ce que les baisers, l'étreinte, les caresses,
Sinon les vains efforts de nos grandes détresses ?
.Ces doigts de femme ont peur dans ces cheveux d'enfant ;
Sur ce visage frais la mère douloureuse
Appuie en frissonnant sa joue ardente et creuse,
Et soulève, à mi-voix, l'avenir étouffant :

« Cher, cher petit, dans peu de jours, en ma mémoire,
On va sur ton chapeau mettre une plume noire,
Et t'enfermer les doigts dans des gants violets.
Quand on aura conduit ta maman dans la terre,
Tu quitteras, mon fils, la maison solitaire
Dont on ne rouvrira plus jamais les volets.

« Il faudra retourner à Paris, chez ton père..
Enfant, ne pleure pas : il t'aimera. J'espère
Qu'il se souvient encor du temps où tu naquis.
Dis-lui que je suis morte humiliée et lasse,
Consentant qu'il me juge et qu'il me fasse grâce ;
Que j'ai... Mais ce sera dans ma lettre au marquis.

« Tu diras seulement : « Votre pitié bénie
« Accorda mon sourire à l'épouse bannie.
« Ma mère est devant Dieu, me voici devant vous.
« Je viens, après les siens, prendre vos bras pour chaîne :
« J'ai ma part dans l'amour et non pas dans la haine.
« Je suis tendre et petit : mon père, soyez doux ! »

A partir de ce jour, plus faible et plus câline,
Couverte élégamment d'un linceul de maline,
La mourante resta dans sa chambre, à son feu.
L'enfant —c'était le temps où la campagne est grise—
Observait dans un coin sa mère avec surprise,
Ne faisait plus de bruit, et pâlissait un peu.

Paris, 22 novembre 1870.

HOMAÏ

Devant Djioun la blanche aux parfums de jacinthe,
Les fils au front cuivré des mangeurs de lézards,
A qui le Chamelier enseigna la loi sainte,
Avaient dressé leur camp et leurs bleus étendards.

Ils s'étaient abattus comme des sauterelles,
Et déjà trente jours étaient passés depuis
Qu'ils entouraient la ville et que leurs sentinelles
Gardaient tous les sentiers des monts et tous les puits.

Or, tandis que, poussant une sifflante haleine,
Accroupis sur les murs, les hommes du pays
Voyaient les feux guerriers s'allumer par la plaine
Et les chevaux d'Yémen tondre les verts maïs,

Une femme, à pas sourds glissant, voilée et belle,
Par les bazars déserts et les noirs escaliers
Et les portes de cèdre ouvertes devant elle,
S'en allait dans la plaine au camp des cavaliers.

Une esclave, portant le vin et les olives,
Noire, au nez un anneau, la suivait en riant
Vers la tente où pendaient des crânes aux solives,
Près des yatagans nus d'acier souple et brillant.

Là, sur une peau fauve et de blanc étoilée,
Croisant les jambes, grave et seul, et de sa main
Lissant sa barbe courte, odorante et bouclée,
L'émir songeait : « Allah ! hâtons notre chemin.. »

Mais la femme à travers les ténèbres venue
Devant la tente ouverte apparut dans la nuit,
S'étant fait vers l'émir une route inconnue.
Quand la femme nous vient, sait-on qui la conduit?

Elle entra. Du nuage incertain de ses voiles
L'astre pur de son front surgissait calme et blanc;
Ses cheveux, comme un ciel, étaient semés d'étoiles;
L'eau des saphirs tremblait, stagnante, sur son flanc;

Sa lèvre rouge avait l'éclat d'une blessure,
Mais le feu de ses yeux était froidement clair;
Belle comme la Nuit et comme elle peu sûre,
Un bleu rayon de lune expirait sur sa chair;

Ses pieds nus s'avançaient dans la lueur des bagues;
Les rubis à l'orteil dardaient leurs yeux ardents,
Et dans l'air enivré d'odeurs tièdes et vagues
Elle sourit avec de la lumière aux dents.

Et la voyant sourire à travers l'ombre noire,
L'émir se crut ravi dans le séjour divin,
Et joyeux il eut peur et frémit, prêt à boire
A cette bouche offerte un délicieux vin.

« O Beauté que l'Irân et la Nuit m'ont donnée,
Salut, dit-il; et toi, Nuit de l'Irân, merci!
L'instant de ton regard vaut bien plus qu'une année,
Femme, car j'ai changé depuis que te voici.

« Autrefois, au-devant du sabre et de la lance,
Au front des cavaliers, dans le sang et les cris,
Sur ma noire jument j'avançais en silence,
Méditant les versets sur ma poitrine écrits.

« Quand, derrière mes pas, une ville naguère,
Brûlant comme un soleil qu'allumait ma vertu,
Faisait des croupes d'or à mes chevaux de guerre,
Je demandais quel nom cette ville avait eu.

« Mes yeux ne voyaient pas la beauté des capt ves,
Je ne regardais pas où je versais la mort,
Mon oreille était loin des nations plaintives,
Et j'étais seulement la Colère du Sort

« Mais à l'heure où tes yeux jettent leurs p........
Est-il encore un monde et des colères à moi !
O vierge, dont les bras sont plus beaux que des ......
Me connais-tu? Celui qui t'aime est mon seul nom

« Voyant ton sein blanchir l'écoffe a ce moment ......
Dont la myrrhe a charmé les plus ......
Je pleure, ainsi que font les fils des jeunes hommes,
Quand un songe mauvais encore dans leurs bras ......

« Mon âme, que je sens s'exhaler en ......
Flotte comme une haleine autour de ta beauté
Me voici devenu faible de ta faiblesse
Et je puis être atteint dans ta frag ....

« Ne me fais pas de mal, ô compagne étrangère !
A quoi bon me trahir ? je veux ce que tu veux,
Et mon esprit n'est plus qu'une essence légère
Qui se mêle en riant au nard de tes cheveux.

« Ne me fais pas de mal ! mon salut et ma perte
Sont deux enfants jumeaux couchés dans tes bras nus,
Et ma vie et ma mort sur ta lèvre entr'ouverte
Tiennent conseil. Pourquoi tes pieds sont-ils venus ?

« Dis-moi ton nom : qu'il soit plus doux à mon oreille
Que le bruit d'une source au fond des déserts blancs ! »
La vierge alors parla ; sa voix sonnait, pareille
Au vent frais du matin dans les rosiers tremblants :

« Dans les jardins d'Irân, parmi les tubéreuses,
Naguère on me nommait Homâï, l'oiseau clair ;
Mais je veux, étranger, de tes lèvres heureuses
Recevoir le seul nom qui me restera cher.

« Pourquoi je suis venue? Et pourquoi les étoiles
Viennent-elles au ciel fidèlement le soir? »
Elle mêla ces mots au frisson de ses voiles,
Et sur la toison fauve alla tout droit s'asseoir.

La ceinture, où des mots brillaient pleins de mystère,
Glissa comme un serpent blessé sur ses genoux.
L'émir dit : « Nous allons étouffer sur la terre ;
Le monde des vivants est trop étroit pour nous.

« Au dos de mon cheval veux-tu que je te couche?
Son galop vers la mer bercera ton sommeil,
Les vagues baiseront tes pieds, tes flancs, ta bouche,
Et je te porterai dans le lit du soleil ! »

Homâï, dans ses bras immobile et sereine,
Laissait son clair regard se refléter en noir
Dans le sabre pendu contre un pilier d'ébène :
Elle se contemplait au fond de ce miroir.

Puis, en se renversant, sa tête inerte et belle
Entraîna son regard qui flotta mollement.
Vers l'heure où le nopal fleurit, l'émir près d'elle
S'endormit dans la joie et dans l'apaisement.

Le sabre nu brillait dans l'ombre vague et terne.
Sur son coude pensif, se dressant à demi,
Comme un enfant se penche au bord d'une citerne,
La femme se pencha sur l'émir endormi.

Son sommeil comparable à des eaux paresseuses,
Pleines d'îles de fleurs, coulait heureux et lent.
Homâï, de la voix chantante des berceuses
Dit, en rendant plus doux son regard indolent :

« Je voudrais n'être pas près de toi pour ta perte,
Mais tout vouloir est vain : je t'aime et tu mourras
Un Esprit est en moi ; mon âme assiste inerte
A tout ce que l'Esprit accomplit par mon bras.

« Un soir que je croisais les bras sur ma terrasse,
Les Mages m'ont parlé : « Qu'Ormuz soit obéi.
« Ormuz a mis en toi le salut de ta race. »
Hélas! j'ai, ce soir-là, cessé d'être Homâï.

« Car ils m'ont fait rester, six jours, sans nourriture,
Dans un lieu souterrain, à la façon des morts.
C'est là que j'ai perdu mon humaine nature,
Et qu'un Esprit subtil est entré dans mon corps.

Puis ils m'ont dit : « Revêts d'une étoffe éclatante
« Ta chair purifiée et qui dompta l'effroi,
« O vierge, et va frapper l'ennemi dans sa tente. »
Ils ont dit, et mes pieds sont allés jusqu'à toi.

« J'ai goûté l'herbe en fleur dont la vertu savante
Nous ravit loin du corps dans un monde divin;
C'est pourquoi désormais, l'ennui d'être vivante,
Comme un champ de pavots, remplira tout mon sein.

« Quand ma main aura fait ce que l'Esprit ordonne,
Je la contemplerai sans haine et sans regrets :
Je sais que vivre est vain, et que la mort est bonne,
Qu'elle a des charmes doux et de profonds secrets. »

Elle dit, souleva du doigt le bras tranquille
Qui s'était replié tiède et brun sur son flanc ;
Souple, elle en dégagea sans bruit sa taille habile
Et sur le tapis sourd assura son pied blanc ;

Et, chaude encor du lit, dans sa robe froissée,
Lente, elle s'approcha du pilier de bois noir,
Et saisit la poignée éclatante et glacée
Du sabre dont l'acier lui servit de miroir.

Elle dit : « Astres clairs, qui contemplez ma face,
Nuit, qui suspends la vie et ses œuvres mauvais,
Je ferai devant vous ce qu'il faut que je fasse,
Et vous connaîtrez seuls les raisons que j'avais. »

Elle embrassa l'émir d'un regard calme et tendre,
Éleva lentement le sabre, sans effort,
Et dans le cou, que l'homme avait pris soin de tendre,
Plongea, les yeux fermés, le tranchant et la mort.

L'esclave alors saisit cette tête aux chairs mates
Que la femme venait de baiser longuement,
La mit dans une coupe avec des aromates,
Et murmura d'orgueil et de contentement.

Juin 1870.

LE VÉNUSBERG

« J'ai brûlé mes draps d'or et ma viole aussi.
Tandis que le brasier du repentir m'éclaire,
Je vais auprès du Pape avoir de lui merci :

« O Saint-Père le Pape, écoutez sans colère
Par quels rares péchés, suaves aux démons,
J'osai, loin de Jésus, grandement lui déplaire.

« Dans le burg enchanté, sur le plus haut des monts,
Chez la belle Vénus j'ai vécu sept années.
Absolvez-moi, de par Jésus que nous aimons. »

7

La crosse du Saint-Père en ses mains étonnées
Trembla : « Quand cette crosse aura feuilles et fleurs,
Les fautes que tu fis te seront pardonnées. »

Alors, le chevalier s'en alla tout en pleurs :
« Puisque je ne puis plus, ô madame la Vierge,
Espérer, dans le ciel, de porter vos couleurs,

« Ni de brûler pour vous, luisant comme un beau cierge,
Je retourne à jamais dans le burg enchanté,
Afin que la Vénus, tendre dame, m'héberge. »

— « J'ai joie à vous revoir ; grand'joie en vérité;
Chevalier, seyez-vous et buvez, je vous prie.
Je vous ai, Tannhœser, bien longtemps regretté. »

Or, le troisième jour, la crosse étant fleurie,
Le Saint-Père envoya des courriers promptement,
Pour chercher Tannhœser, par monts, vaux et prairie.

Tannhœser, chez Vénus, buvait le vin charmant;
Il y doit composer de longs épithalames,
Jusqu'à l'appel de l'Ange, au jour du Jugement.

Il ne faut pas ainsi désespérer les âmes :
Si ceux-là sont damnés, qui furent amateurs
Du parler clair et du clair sourire des dames,

Hélas ! le Paradis n'aura plus de chanteurs.

UN SÉNATEUR ROMAIN

A GÉRÔME, PEINTRE

César, sur le pavé de la salle déserte,
Sous sa toge aux grands plis, gît dans sa majesté.
Le bronze de Pompée avec sa lèvre verte
A ce cadavre blanc sourit ensanglanté.

L'âme, qui vient de fuir par une route ouverte
Sous le fer de Brutus et de la Liberté,
Triste, voltige autour de sa dépouille inerte
Où l'indulgente Mort mit sa pâle beauté.

Et sur le marbre nu des bancs, tout seul. au centre,
Des mouvements égaux de son énorme ventre
Rhythmant ses ronflements, dort un vieux Sénateur.

Le silence l'éveille, et, l'œil trouble, il s'écrie
D'un ton rauque, à travers l'horreur de la Curie :
« Je vote la couronne à César dictateur ! »

SOUVENIR

Une fois seulement elle m'est apparue,
Sous un doux ciel d'avril, dans une calme rue,
Où l'odeur des lilas descendait des vieux murs.
Le jour, en la touchant, prenait des tons si purs.
Qu'il semblait émaner de sa propre personne.
Sur un cheval anglais, pâle et svelte amazone,
Elle pliait avec une fière douceur
Sa taille au rhythme égal du trot lent et berceur ;
Puis elle déroba sa forme et sa lumière
Sous la porte où veillaient deux grands lions de pierre.

1ᵉʳ avril 1871.

LE MAUVAIS OUVRIER

Maître Laurent Coster, cœur plein de poésie,
Quitte les compagnons qui, du matin au soir,
Vignerons de l'esprit, font gémir le pressoir ;
Et Coster va rêvant selon sa fantaisie :

Car il aime d'amour le démon Aspasie.
Sur son banc, à l'église, il va parfois s'as eoir,
Et voit d...s la vapeur flotter sur l'encensoir
La Dame de l'Enfer que son âme a choisie.

Ou bien encor, tout seul, au bord d'un puits mousseux,
Joignant ses belles mains d'ouvrier paresseux,
Il écoute sans fin la Sirène qui chante.

Et je ne puis non plus travailler ni prier :
Je suis, comme Coster, un mauvais ouvrier,
A cause des yeux noirs d'une femme méchante.

Avril 1868.

LA SAGESSE DES GRIFFONS

Quand, au retour du bal, elle laissa fléchir
Dans le fauteuil ancien sa grâce maladive,
Sa bouche en souriant fit entendre un soupir.
Les roses s'effeuillaient sur sa tête pensive,
Où murmurait encor l'âme des violons.
Son pied avait parfois un spasme mélodique ;
Le mouchoir de dentelle au bout de ses doigts longs
Glissait ; et sur les bras du fauteuil héraldique
Ses bras minces et chauds s'étendaient mollement ;
Nus, ils laissaient glisser le fragile corsage,
Et sur le sein, après chaque soulèvement,
L'ombre où meurent les fleurs se creusait davantage

Dans sa chair, d'un blanc mat comme le camellia.

Mais, me tendant ses bras, lianes odorantes,

Lentement sur mon col, douce, elle les lia,

Et soupira : *Toujours !* de ses lèvres mourantes.

Sur sa tête d'enfant penchée au poids des fleurs,

Le dossier droit et haut montait lourd de ténèbres,

Et là, debout, pleins d'ombre et de vagues lueurs,

Les griffons lampassés prenaient des airs funèbres ;

Car sans doute ils songeaient, sous leur vieux front plissé,

A tout ce qu'avaient vu jadis leurs yeux de chêne,

Aux bras évanouis des nuits du temps passé

Qui tous voulaient jeter une éternelle chaîne,

Insensés ! sur le col docile de l'aimé,

Ne sachant pas qu'au fond des cryptes ténébreuses,

Tout seuls, pliés en croix sur le sein acclamé,

Ils s'en iraient où vont les bras des amoureuses.

Car les griffons, debout sous le cimier ducal,

Graves et vieux témoins de nos brèves chimères,

S'étaient enfin lassés d'entendre, après le bal,

Les serments éternels des bouches éphémères.

    Janvier 1865.

LE REJUS

Au fond de la chambre élégante
Que parfuma son frôlement,
Seule, immobile, elle dégante
Ses longues mains, indolemment.

Les globes chauds et mats des lampes
Qui luisent dans l'obscurité,
Sur son front lisse et sur ses tempes
Versent une douce clarté.

Le torrent de sa chevelure,
Où l'eau des diamants reluit,
Roule sur sa pâle encolure
Et va se perdre dans la nuit.

Et ses épaules sortent nues
Du noir corsage de velours,
Comme la lune sort des nues
Par les soirs orageux et lourds.

Elle croise devant la glace,
Avec un tranquille plaisir,
Ses bras blancs que l'or fin enlace
Et qui ne voudraient plus s'ouvrir,

Car il lui suffit d'être belle :
Ses yeux, comme ceux d'un portrait,
Ont une fixité cruelle
Pleine de calme et de secret ;

Son miroir semble une peinture
Que quelque vieux maître amoureux
Offrit à la race future,
Claire sur un fond ténébreux,

Tant la beauté qui s'y reflète
A d'orgueil et d'apaisement,
Tant la somptueuse toilette
Endort ses plis docilement,

Et tant cette forme savante
Paraît d'elle-même aspirer
A l'immobilité vivante
Des choses qui doivent durer.

Pendant que cette créature,
Rebelle aux destins familiers,
Divinise ainsi la nature
De sa chair et de ses colliers,

Le miroir lui montre, dans l'ombre
Son mari doucement venu,
Au bord de la portière sombre,
Offrir son visage connu.

Elle se retourne sereine,
Dans l'amas oblique des plis,
Qu'en soulevant la lourde traîne
Son talon disperse, assouplis

Darde sans pitié, sans colère,
La clarté de ses grands yeux las
Et, d'une voix égale et claire,
Dit : « Non ! je ne vous aime pas. »

Février 1871.

LE BUCHER DE SCANDAL

Cependant qu'à travers l'océan Pacifique
Un Anglais naviguait, morose et magnifique,
Dans une île odorante, où son brick aborda,
Une reine, une enfant qui se nommait Ti-da,
Lui jeta ses colliers de brillants coquillages,
Prête à le suivre, esclave, en ses lointains voyages;
Et, pendant trente nuits, son jeune sein cuivré
Battit d'amour joyeux près de l'hôte adoré,
Dans des murs de bambou, sur la natte légère.
Mais avant que finît cette lune si chère,

Pour l'abandon prévu, douce, d'un cœur égal,
Elle avait fait dresser un bûcher de sandal,
Et, du brick qui lofait, lui, pâle, sans surprise,
Vit la flamme, et sentit le parfum dans la brise.

LA DERNIÈRE IMAGE

Pas un de ses cheveux, pas un pli
de sa robe ne bougeait.

CHARLES DICKENS.

Par un matin d'hiver aux âpretés sereines,
L'enfant dans la carriole est monté tout pensif.
Le voiturier a bu du gin; il prend les rênes,
Et la blanche jument renacle dans l'air vif.

L'écolier va rentrer dans la demeure noire
D'encre, de châtiments, de grilles et d'ennui;
Le cœur gros, il rappelle en sa tendre mémoire
Que tout, où l'on le mène, est étranger pour lui.

Sur la vitre abaissée il s'accoude et se penche,
Méditant plein d'effroi l'exil déjà subi :
Il voit, sur le perron, sa mère en robe blanche,
Élevant dans ses bras son tout petit baby.

Le fouet du départ a claqué ; jeune et pâle,
La mère a prolongé son doux geste d'adieu.
De son sein, dirait-on, nul souffle ne s'exhale :
Rien n'a fait vaciller son regard fixe et bleu ;

Pas un pli n'a tremblé de sa robe légère ;
Son teint pâle, son teint changeant n'a pas changé,
Et sur sa tête nue, à l'exilé si chère,
Pas un seul des cheveux blonds et fins n'a bougé.

Son enfant ne doit plus la revoir en ce monde ;
Mais après cet adieu simple et mystérieux,
Certe ! il emporte d'elle une image profonde,
Calme, et faite pour vivre à jamais dans ses yeux.

LE BASILIC

Un jour qu'elle peignait sa lourde chevelure,
Derrière le vitrail lamé de plomb, Gemma
Vit passer un enfant beau comme elle, et l'aima
Si fort qu'elle en sentit au cœur une brûlure.

Parce qu'Amour n'épargne à nul aimé d'aimer,
A peu de jours de là, ces deux fleurs de Sicile,
Ces tendres jouvenceaux, au corps fier et gracile,
Se livraient l'un à l'autre et se laissaient charmer.

A l'heure où les ruisseaux fument autour des plaines,
On les a vus tous deux qui revenaient du bois,
Faisant sonner leurs noms au cristal de leurs voix,
L'un sur l'autre penchés et mêlant leurs haleines.

Maintenant, dans la salle ouverte sur la mer,
O sœur du joaillier, brune Sicilienne,
Tu pleures ! Jeune fille, une rosée ancienne
Déjà sous tes beaux yeux creuse un sillage amer.

Tout le jour, à travers les arcades mauresques,
Tu sembles regarder le golfe au loin bleuir,
Ou bien tu suis des yeux, avec un long soupir,
Les cavaliers frôlant l'or et l'azur des fresques.

Le front sur le vitrail aux losanges de plomb,
Gemma, le long des nuits tu veilles dans la fièvre ;
Pour étouffer tes cris, tes dents mordent la lèvre
Où mit tant de baisers le doux jeune homme blond.

De ton péché commis savourant l'amertume,
Est-ce que, dans ta chair et ton sang apaisés
Par la jeune fraîcheur de vos premiers baisers,
Le salutaire éclat du repentir s'allume?

Non, tu ne pleures point ton virginal trésor;
Nul repentir n'a lui dans ton âme orageuse,
Et l'Angelus du soir ne te rend pas songeuse :
Ce que tu fis d'amour, tu le ferais encor.

Ton amant est parti sans dague, sans épée,
Léger, et méditant un prompt retour vers toi,
Et voici qu'il n'est pas revenu. C'est pourquoi
Tu veilles si dolente et de larmes trempée.

Il riait, et ton frère était joyeux aussi
Quand, le jour de Saint-Jean, tous deux, au son des cloches,
Sont allés lestement boire aux sources des roches: —
Ton frère est revenu seul et plein de souci.

Son silence, son front qui jaunit et se froisse,
Et les fauves lueurs de ses yeux de gerfaut,
Ont glacé tout le sang de ton cœur. Il te faut,
Muette près de lui, dévorer ton angoisse.

Dors, fille au cœur gentil! grande amoureuse, dors!
Et sous tes longs cils clos éteins un peu tes larmes :
Tu ne sais composer ni philtres noirs, ni charmes
Pour parler aux absents ou réveiller les morts.

Dans la paix du sommeil, Gemma, descends et plonge :
Entre ceux dont Amour fit une seule chair
Il subsiste un lien mystérieux et cher
Qui les unit, malgré la mort, de songe en songe.

Tu dors! Celui sur qui tu suspendais tes vœux,
Le vois-tu devant toi, blême, la lèvre verte,
Les habits en lambeaux et la poitrine ouverte?
La terre sépulcrale offense ses cheveux.

Entends la faible voix qui gémit dans sa bouche :
« Gemma, n'accuse plus mes retards en pleurant,
Ton frère m'a tué sous le pin du torrent,
Et c'est là, dans la pluie et l'ombre, qu'est ma couche. »

Il ne dit rien de plus et dans le clair matin
S'enfuit. Gemma répand des perles sur sa tête,
Pour honorer son corps met sa robe de fête,
Et, portant des parfums, sort d'un pied clandestin.

Comme une jument barbe, elle a, dans la rosée,
Prompte et soufflant du feu, bondi jusqu'au torrent ;
Elle a bien fort henni d'épouvante en flairant
La terre sous le pin nouvellement creusée ;

Mais, grattant le sol noir de ses ongles, elle a
Découvert aussitôt la chevelure blonde,
La poitrine que perce une entaille profonde,
Tout le corps de l'ami qui fut égorgé là.

Oh! qu'elle eût bien voulu le prendre et fuir avecque
Oh! qu'elle l'eût bientôt porté contre son cœur
Jusqu'en la cathédrale et couché, dans le chœur,
Au tombeau qu'a pour soi fait dresser l'archevêque !

Elle a senti combien de tels vouloirs sont vains;
Et, pressant dans ses bras le corps meurtri qu'elle aime,
Elle a longtemps hurlé contre la face blême;
Et son grand désespoir a rempli les ravins.

Puis, tranquille et muette, elle a d'une main sûre
Tranché par un couteau la tête belle encor.
Contente, elle l'emporte enclose en un drap d'or,
Après l'avoir lavée et de baume et d'eau pure.

Gemma, depuis ce temps, sur le haut escabeau,
Tout près de la fenêtre aux vitres en losanges,
Et le jour et la nuit, boit les senteurs étranges
D'un pied de basilic spiritueux et beau.

Et jamais basilic dans un pot de faïence
Blanc et bleu, comme en ont les filles des cités,
De ses rameaux touffus, par la séve humectés,
N'exhala tout fleuri si molle défaillance.

Ses feuilles, qu'elle mâche, ont un merveilleux goût,
Glacial, enivrant, amer. Elle l'arrose
D'eau de fleur d'oranger et d'essence de rose,
Et de larmes d'amour, oh! de larmes surtout.

Mais quelle terre noire a nourri cette plante?
Quels sucs mystérieux en forment la senteur,
Pour qu'elle ait chargé l'air d'une âcre pesanteur,
Et dans les lourds rideaux épandu la mort lente?

Laissez la pâle enfant respirer seule en paix
L'âme du basilic; oh! laissez-la, par grâce!
Elle sait bien pourquoi cette plante est si grasse;
Elle sait que l'on meurt de son parfum épais.

C'est le dernier espoir, c'est l'unique tendresse,
C'est le doux entretien de la triste Gemma ;
Car de ce vase où gît la tête qu'elle aima,
Le parfum de la mort s'exhale et la caresse.

Consume-toi, Gemma, dans ta brève langueur !
Ton nom plaît au poëte et doucement résonne,
Et l'on t'honorera dans plus d'une canzone,
Car un naïf amour a rempli tout ton cœur.

LA DANSE DES MORTS

Dans les siècles de foi, surtout dans les derniers,
La grand'danse macabre était fréquemment peinte
Au vélin des missels comme aux murs des charniers.

Je crois que cette image édifiante et sainte
Mettait un peu d'espoir au fond du désespoir,
Et que les pauvres gens la regardaient sans crainte.

Ce n'est pas que la mort leur fût douce à prévoir :
Le Diable les happait au sortir de la terre ;
Pour eux, mourir, c'était passer du gris au noir.

Mais le maître imagier qui, d'une touche austère,
Peignait ce simulacre, à genoux et priant,
Moine, y savait souffler la paix du monastère.

Sous les pas des danseurs on voit l'enfer béant,
Le branle d'un squelette et d'un vif sur un gouffre ;
C'est bien affreux, mais moins pourtant que le néant.

On croit en regardant qu'on avale du soufre ;
Et c'est pitié de voir s'abîmer sans retour
Sous la chair qui se tord la pauvre âme qui souffre.

Oui, mais dans cette image étalée au grand jour,
On sent communier en Dieu toute âme humaine,
On sent encor la foi, l'espérance et l'amour.

C'est là, c'est cet amour triste qui rassérène ;
Les mourants sont pensifs, mais ne se plaignent pas,
Et la troupe est très-douce à la Mort qui la mène.

On se tient en bon ordre et l'on marche au compas;
Une musique un peu faible et presque câline
Marque discrètement et dolemment le pas.

Un squelette est debout pinçant la mandoline,
Et, comme un amoureux, sous son large chapeau
Cache son front de vieil ivoire qu'il incline.

Son compagnon applique un rustique pipeau
Contre ses belles dents blanches et toutes nues,
Ou des os de sa main frappe un disque de peau.

Un squelette de femme aux mines ingénues
Éveille de ses doigts les touches d'un clavier,
Comme sainte Cécile assise sur les nues.

Cet orchestre si doux ne saurait convier
Les vivants au Sabbat, et, pour mener la ronde,
Satan aurait vraiment bien tort de l'envier.

C'est que Dieu, voyez-vous, tient encor le vieux monde.
Voici venir d'abord le Pape et l'Empereur,
Et tout le peuple suit dans une paix profonde.

Car le Baron a foi, comme le Laboureur,
En tout ce qu'ont chanté David et la Sibylle.
Leur marche est sûre : ils vont illuminés d'horreur.

Mais la Vierge s'étonne, et, quand d'un bras habile
Le squelette lui prend la taille en amoureux,
Un frisson fait bondir sa belle chair nubile.

Puis, les cils clos, aux bras du danseur aux yeux creux,
Elle exhale des mots charmants d'épithalame,
Car elle est fiancée au Christ, le divin preux.

Le Chevalier errant trouve une étrange dame.
Sur ses côtes à jour pend, comme sur un gril,
Un reste noir de peau qui fut un sein de femme.

Mais il songe avoir vu dans un bois, en avril,
Une belle duchesse avec sa haquenée;
Il compte la revoir au ciel. Ainsi soit-il!

Le Page, dont la joue est une fleur fanée,
Va dansant vers l'enfer en un ferme maintien,
Car il sait clairement que sa dame est damnée.

L'Aveugle besacier ne danserait pas bien,
Mais, sans souffler, la Mort, en discrète personne,
Coupe tout doucement la corde de son chien.

En suivant à tâtons quelque grelot qui sonne,
L'Aveugle s'en va seul tout droit changer de nuit,
Non sans avoir beaucoup juré. Dieu lui pardonne!

Il ferme ainsi le bal habilement conduit;
Et tous, porteurs de sceptre et traîneurs de rapière,
S'en sont allés dormir sans révolte et sans bruit :

Ils comptent bien qu'un jour le lévrier de pierre,
Sous leurs rigides pieds couché fidèlement,
Saura se réveiller et lécher leur paupière.

Ils savent que les noirs clairons du Jugement,
Qu'on entendra sonner sur chaque sépulture,
Agiteront leurs os d'un grand tressaillement ;

Et que la Mort stupide et la pâle Nature
Verront surgir alors sur les tombeaux ouverts
Le corps ressuscité de toute créature.

La chair des fils d'Adam sera reprise aux vers ;
La Mort mourra : la faim détruira l'affamée,
Lorsque l'Éternité prendra tout l'univers.

Et, mêlés aux martyrs, belle et candide armée,
Les époux reverront, ceinte d'un nimbe d'or,
Dans les longs plis du lin passer la bien-aimée.

Mais les couples dont l'Ange aura brisé l'essor,   ·
Sur la berge où le souffre ardent roule en grands fleuves,
Oui, ceux-là souffriront : donc ils vivront encor!

Les tragiques amants et les sanglantes veuves,
Voltigeant enlacés dans leur cercle de fer,
Soupireront sans fin des paroles très-neuves..

Oh! bienheureux ceux-là qui croyaient à l'Enfer.

Octobre 1869.

L'ADIEU

J'entrai jusques au fond d'une église, le soir
Du jour triste où le prêtre étend un voile noir
Sur les images d'or de ce bois salutaire
Où vint s'offrir au ciel la rançon de la terre.
Un diacre en blanc surplis veillait son Dieu mort, seul,
Courbé devant l'autel que couvrait un linceul.
C'était le vendredi de la Semaine sainte,
Et les femmes glissaient dans la lugubre enceinte.
Sur les frissons de soie et les bruits argentins
Roulaient les voix de l'orgue et les versets latins.
Or, je vis celle-là qui tient ma destinée.

Elle était à genoux, mollement inclinée ;
Son front se renversait au poids des cheveux lourds,
Ses mains longues pendaient sur les plis du velours,
Et les lampes tremblaient dans la nef ténébreuse
Sur la belle pâleur de sa joue un peu creuse.
Je fus d'abord surpris de la voir en ce lieu,
Car elle était bien loin de vivre selon Dieu.

J'étais à son côté, frôlant sa jupe sombre.
Mais rien ne l'avertit de ce qu'était cette ombre,
Et ceci me frappa que, dans ses grands yeux clairs,
Je n'avais jamais vu de si brillants éclairs,
Je n'avais jamais vu de larmes si brûlantes,
Ni de regards si beaux, ni d'extases si lentes,
Tant un heureux lien de célestes effrois
L'attachait au Dieu pâle étendu sur la croix,
Tant sa narine ouverte à la divine haleine
S'enivrait de l'encens dont l'église était pleine !

Que l'âme de la femme est prompte à s'embraser !
— Sa bouche était en fleur comme pour un baiser,

Son être palpitait d'une invisible étreinte.

C'est pourquoi je fus pris de tristesse et de crainte :

Je vis que désormais ce cœur m'était fermé

Et qu'il se repentait de m'avoir trop aimé;

Que ce sein inondé par la Grâce féconde

Se haussait du dégoût des choses de ce monde.

Alors, pleurant sur moi, je reconnus, pensif,

Que tu m'avais repris cette femme, ô beau Juif,

Roi, dont l'épine a ceint la chevelure rousse!

Ton âme était profonde et ta voix était douce;

Les femmes t'écoutaient parler au bord des puits,

Les femmes parfumaient tes cheveux; et depuis

Elles ont allumé sur ton front l'auréole,

Dieu de la vierge sage et de la vierge folle!

C'est écrit : pour jamais toi seul achèveras

Les plus belles amours qu'on essaye en nos bras;

Toute femme qui pleure est déjà ton épouse;

Tous les cheveux mordus sous notre dent jalouse

S'en iront à leur tour essuyer tes pieds nus;

Dégageant de nos bras leurs flancs mal retenus,

Jusqu'à la fin des temps toutes nos Magdeleines
Verseront à tes pieds leurs urnes encor pleines.
Christ! elle a délaissé mon âme pour ton ciel,
Et c'est pour te prier que sa bouche est de miel!

Adieu! coupe sacrée où je ne dois plus boire,
Rose mystique éclose au crucifix d'ivoire!

Février 1866.

LA PART DE MAGDELEINE

L'ombre versait au flanc des monts sa paix bénie,
Le chemin était bleu, le feuillage était noir,
Et les palmiers tremblaient d'amour au vent du soir.
Celle de Magdala pleurait dans Béthanie.

Elle avait sous ses pieds la pourpre des coussins;
Le grand épervier d'or des femmes étrangères
Agrafait sur son front les étoffes légères;
La myrrhe tiédissait dans l'ombre de ses seins;

Sur la haute terrasse assise solitaire,
Par la nuit indulgente, à l'heure des aveux,
Elle laissait rouler dans l'or de ses cheveux
Des perles, doux spectacle aux amants de la terre.

Les palmes des palmiers et les voiles de Tyr
Sur son front embrasé versaient des fraîcheurs vaines;
Elle sentait courir ces flammes dans les veines,
Qu'au marbre des bassins l'eau ne peut alentir;

Ses doigts, où les parfums des jeunes chevelures
Avaient laissé leur âme et s'exhalaient encor
Autour du scarabée et des talismans d'or,
Gardaient des souvenirs pareils à des brûlures.

Or, elle haïssait ce corps qui lui fut cher;
Tous les baisers reçus lui revenaient aux lèvres
Avec l'âcre saveur des dégoûts et des fièvres :
Magdeleine était triste et souffrait dans sa chair;

Et ses lèvres, ainsi qu'une grenade mûre,
Entr'ouvrant leur rubis sous la fraîcheur du ciel,
L'abeille des regrets y mit son âcre miel,
Et le vent qui passait recueillit ce murmure :

« J'avais soif, et j'ai ceint mon front d'amour fleuri ;
J'ai pris la bonne part des choses de ce monde,
Et cependant, mon Dieu, ma tristesse est profonde,
Et voici que mon cœur est comme un puits tari !

« Mon âme est comparable à la citerne vide
Sur qui le chamelier ne penche plus son front ;
Et l'amour des meilleurs d'entre ceux qui mourront
Est tombé goutte à goutte au fond du gouffre avide.

« Je n'ai bu que la soif aux lèvres des amants :
Ils sont faits de limon tous les fils de la mère ;
La fleur de leurs baisers laisse une cendre amère,
L'étreinte de leurs bras est un choc d'ossements.

« Je brisais malgré moi l'argile de leur chaîne.

Seigneur! Seigneur! ce qui n'est plus ne fut jamais!

Leurs souvenirs étaient des morts que j'embaumais

Et qui n'exhalaient plus qu'à peine un peu de haine

« Et je criais, voyant mon espoir achevé :

« Pleureuses, allumez l'encens devant ma porte,

« Apprêtez un drap d'or : la Magdeleine est morte,

« Car étant la Chercheuse elle n'a pas trouvé! »

« Et j'ouvrais de nouveau mes bras comme des palmes;

J'étendais mes bras nus tout parfumés d'amour,

Pour qu'une âme vivante y vînt dormir un jour,

Et je rêvais encor les vastes amours calmes!

« Le Silence entendit ma voix, qui soupirait

Disant : « La perle dort dans le secret des ondes;

« Or, je veux me baigner dans des amours profondes

« Comme tes belles eaux, lac de Génésareth!

« Que votre chaste haleine à mon souffle se mêle,
« Tranquilles nénufars, afin que le baiser
« Que sur le front élu ma lèvre ira poser,
« Calme comme la mort, soit infini comme elle! »

« Telle je soupirais au bord du lac natal,
Mais sur mes flancs blessés une mauvaise flamme,
Rebelle, dévorait ma chair avec mon âme,
Et voici que je meurs sur mon lit de santal.

« Pourtant, j'accepte encor la part de Magdeleine :
J'avais choisi l'amour et j'avais eu raison.
Comme Marthe, ma sœur, qui garda la maison,
Je n'aurai point pesé la farine ou la laine;

« La jarre, au ventre lourd d'olives ou de vin,
Dans les soins du cellier n'aura point clos ma vie;
Mais ma part, je le sais, ne peut m'être ravie,
Et je l'emporterai dans l'inconnu divin! »

Elle dit : le reflet des choses éternelles
L'illumina d'horreur et d'épouvantement.
Alors elle se tut et pleura longuement :
Une âme flottait vague au fond de ses prunelles.

Or Jésus, celui-là qui chassait le Démon
Et qui, s'étant assis au bord de la fontaine,
But dans l'urne de grès de la Samaritaine,
Soupait ce même soir au logis de Simon.

Vers ce foyer, ce toit fumant entre les branches,
Magdeleine tendit, humble, ses belles mains,
Et l'on aurait pu voir des pensers plus qu'humains
Rayonner sur son front comme des lueurs blanches;

On ne sait quoi de pur embellit sa beauté;
Ses regards au ciel bleu creusaient un clair sillage,
Et ses longs cils mouillés étaient comme un feuillage
Dans du soleil, après la pluie, un jour d'été

Celle de Magdala sourit dans Béthanie.

Elle alla vers Jésus qu'on a nommé le Christ

Et parfuma ses pieds ainsi qu'il est écrit.

Et la terre connut la tendresse infinie.

Août 1869.

TABLE

LES POEMES DORÉS.

IDYLLES ET LÉGENDES.

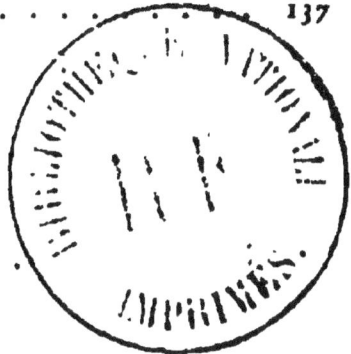

ACHEVÉ D'IMPRIMER PAR J. CLAYE

LE 15 JANVIER 1873

POUR

A. LEMERRE, LIBRAIRE

À PARIS

www.ingramcontent.com/pod-product-compliance
Lightning Source LLC
Chambersburg PA
CBHW072119090426
42739CB00012B/3014